T0402405

DI LO QUE SIENTES

A VECES SIENTO PREOCUPACIÓN

Escrito por Jaclyn Jaycox

PEBBLE
a capstone imprint

Pebble Emerge es una publicación de Pebble, una marca de Capstone.
1710 Roe Crest Drive
North Mankato, Minnesota 56003
www.capstonepub.com

Los datos de CIP (Catalogación previa a la publicación, CIP)
de la Biblioteca del Congreso se encuentran disponibles
en el sitio web de la Biblioteca.
ISBN: 978-1-9771-3333-5 (encuadernación para biblioteca)
ISBN: 978-1-9771-3334-2 (tapa blanda)
ISBN: 978-1-9771-5495-8 (libro electrónico)

Resumen: ¿Qué significa estar preocupado? Todos nos sentimos
preocupados de vez en cuando. Los niños aprenderán a reconocer,
identificar y manejar sus emociones. Fotos llamativas a todo color
ayudan a mostrar cómo se ve la preocupación. Se incluye una
actividad de reflexión que ayuda a los niños a aprender a transformar
la preocupación en sentimientos positivos.

Créditos de las fotografías
Capstone Studio: Karon Dubke, 21; Shutterstock: Anatoliy Karlyuk,
7, cheapbooks, 5, Color Symphony, elemento de diseño, DGLimages,
15, Evgeny Hmur, 16, fizkes, 13, Halfpoint, 11, InesBazdar, 19, Jimena
Roquero, 17, Kleber Cordeiro, 9, MNStudio, 6, Mongkolchon Akesin, 18,
pathdoc, portada

Créditos editoriales
Diseñadora: Kay Fraser; investigadora en medios: Tracy Cummins;
especialista en producción: Katy LaVigne
Traducción al español de Aparicio Publishing, LLC

CONTENIDO

Las palabras en **negritas** están en el glosario.

¿QUÉ ES LA PREOCUPACIÓN?

Imagina que es tu primer día en una escuela nueva. No conoces a otros estudiantes ni a tus maestros. ¿Qué sientes? Seguramente sientes preocupación.

La preocupación es una **emoción**, o sentimiento. Todos sentimos preocupación en algún momento. A lo largo del día sentimos muchas emociones distintas.

¿QUÉ SIENTES CUANDO ALGO TE PREOCUPA?

Piensa en algún momento en el que algo te preocupaba. Tal vez ibas a tener un examen en la escuela. Tal vez alguien a quien quieres estaba enfermo. ¿Cómo te sentías?

Cuando sientes preocupación, tu corazón late más rápido. Te sudan las manos. Te sientes cansado, pero no puedes dormir. Tal vez hasta te duele el estómago.

LOS SENTIDOS

Las personas tenemos cinco **sentidos**. Con ellos podemos tocar, probar, ver, oír y oler las cosas. Los sentidos envían mensajes al cerebro. Ahí es donde empiezan las emociones.

Oír un ruido en el clóset por la noche puede hacer que te preocupes. Ver un rayo puede hacer que te preocupe la tormenta que se acerca.

9

HABLAR SOBRE LOS SENTIMIENTOS

A veces no queremos decirle a nadie que estamos preocupados. Pero hablar de los sentimientos es muy importante. Si nos los guardamos, podemos sentirnos peor.

Di lo que sientes a algún amigo o familiar. Tal vez sepan cómo ayudarte. Hablar sobre tus sentimientos te ayudará a sentirte mejor.

ENTENDER LA PREOCUPACIÓN

Todos sentimos preocupación en algún momento. Las preocupaciones pueden ser grandes o pequeñas. Es normal preocuparse, pero no queremos que la preocupación dure mucho tiempo.

Es importante saber cuál es la causa de nuestros sentimientos. Eso nos ayudará a saber qué hacer para sentirnos mejor. Sentimos preocupación cuando pensamos que va a pasar algo malo.

La preocupación puede ser un sentimiento fuerte. Puede ser más difícil aprender. Puedes **distraerte** y no prestar atención a lo que dicen tus maestros.

Pero la preocupación también puede ayudarte. Si no te preocupas por el examen de matemáticas, tal vez no estudies.

MANEJAR TUS SENTIMIENTOS

Es importante saber manejar los sentimientos. Hay que manejarlos de manera saludable. Habla sobre tus preocupaciones. También puedes dibujarlas.

Piensa en el motivo de tu preocupación. ¿Puedes hacer algo para solucionarlo? Si no es así, intenta no pensar en ello. Haz otras cosas para sentirte mejor.

Respira hondo. Sal a jugar. Intenta **relajarte**. Lee tu libro favorito. Haz un proyecto de arte. Abraza a alguien que quieras.

Puedes ayudar a otras personas que están preocupadas. Escúchalas con atención. Diles que estás ahí para ayudar. Pregúntales si quieren jugar contigo. Intenta distraerlas para que no piensen en sus preocupaciones.

19

ACTIVIDAD DE REFLEXIÓN

¡Vamos de aventura! ¡Exploraremos la naturaleza de una manera especial! Tienes que guardar silencio. Con los ojos y los oídos bien abiertos busca animales que trepan, vuelan o saltan.

¿Ves una oruga que sube por un árbol?

¿Ves una abeja que zumba cerca de una flor?

Ahora escucha. ¿Oyes los pájaros cantando?

¿Oyes una ardilla que corre por encima de las hojas?

Te sorprenderá todo lo que puedes descubrir en la naturaleza cuando usas los sentidos.

GLOSARIO

distraerse —no poder concentrarse en algo

emoción —un sentimiento fuerte; las personas tenemos emociones como la alegría, la tristeza, el miedo, el enojo y los celos

relajarse —calmarse

sentido —capacidad para obtener información sobre las cosas que nos rodean; los cinco sentidos son el oído, el olfato, el tacto, el gusto y la vista

ÍNDICE